Recomendaciones de
¡Celebra Quién Eres!

"Quedé asombrado por la forma tan acertada y completa que el resultado de la evaluación me describió. El nivel de detalle y fiabilidad del reporte demostró que nuestra pequeña inversión de tiempo, esfuerzo y dinero valió la pena."
-Tom W., Inversiones en Gas y Petróleo

"El nivel de detalle y profundidad de entendimiento que obtuve con el resultado de mi Estilo de Percepción es mucho mayor – e inmediatamente útil – que el de cualquier otra evaluación que he completado. La diferencia es simplemente increíble."
-Flo B., Abogada

"Claramente, recuerdo dos momentos a lo largo de mi experiencia con este programa en que me dije "¡Wow!". El primero ocurrió el día en que repartieron nuestros resultados de la evaluación. Todos los gerentes que participaron se reunieron en una sala de conferencias. Cada uno recibimos nuestros resultados y se nos agrupó alrededor del cuarto de acuerdo con nuestro Estilo de Percepción. Me acuerdo pensar que, en mi grupo, estaban aquellas personas con quien siempre me he llevado bien. Cuando el instructor empezó a hablar sobre el grupo, las descripciones que usó fueron tan reales que no pude ignorarlas. Cuando dijo, "¡Ustedes eran esos estudiantes que se sentaban en clase pensando que sabían más que el profesor!" Este fue mi momento de decir "¡Wow!" Nunca había confiado este pensamiento con nadie más, aunque verdaderamente lo pensé durante la mayor parte de mis estudios. Era como si este tipo pudiera leer mi mente. Fue entonces cuando decidí que lo mejor que podría hacer es no descartar este programa. Ustedes se ganaron mi atención."
-Eric D., Director Administrativo

"¡Celebra Quién Eres! me proporcionó importante perspicacia sobre quien verdaderamente soy, lo cual sirvió para callar la parte de mi mente que permanentemente critica todo y empezar a poner atención. Mi momento "¡Wow!" ocurrió cuando me di cuenta de que para salir adelante necesitamos utilizar nuestras habilidades. Debemos entender nuestras debilidades, pero no nos debemos enfocar en ellas, pues esto es frustrante y contraproducente. Cuando me desempeñaba como reclutador de ejecutivos, decíamos que era imposible enseñarle a cantar a un cerdo pues frustra al maestro e irrita al cerdo".

-Jonathan C., Ventas y Relaciones Públicas

"¡Celebra Quién Eres! es más valioso que DiSC, Myers-Briggs, o Birkman porque se puede aplicar de forma inmediata y fácil."

-Jim C., Gerente de Comunicaciones

¡CELEBRA QUIEN ERES!

Reclame sus fortalezas, Transforme su vida

Fluido
Estilo de Percepción

Lynda-Ross Vega
Gary M. Jordan, PhD

Traducción de Ricardo Alberto Vega García y Maria Elena Triviño Vega
Diseño de la portada del libro por Alejandro Martin – Bloom Design Agency

ISBN: 987-1-958087-18-3

Impreso en los Estados Unidos de América

Solicitud de permiso para hacer copias de cualquier parte de este libro se puede hacer a:
Vega Behavioral Consulting Ltd.
1540 Keller Parkway, Suite 108-324
Keller, TX 76248
(817) 379-9952

https://thepowerofyourperception.com/portada

¿Cree que su Estilo de Percepción™ es FLUIDO?*

¡Entonces esta guía de acción fue creada especialmente para usted!

Prepárese para…

- Identificar las habilidades, dones y destrezas que son únicamente suyas.

- Aprender cómo potenciar sus fortalezas y aprovechar su potencial al máximo.

- Profundizar su autoconocimiento.

- Descubrir por qué interactúa fácilmente con algunas personas mientras que con otras siente que le desafían (y qué puede hacer al respecto).

Encontrará esta información en la guía *¡Celebra Quién Eres! – Estilo de Percepción llamado Fluido!*

Este guía de acción va más allá de ayudarle a comprender su visión integral del mundo y su papel en él; está repleta de consejos prácticos y ejercicios sobre su Estilo de Percepción para ayudarle a convertir la información en algo REAL para usted.

Esta guía de acción es una versión impresa de los resultados en línea que recibirá al realizar la Evaluación del Estilo de Percepción™.

Proporciona una revisión detallada de las principales fortalezas específicas al Estilo de Percepción llamado Fluido, según lo define la **Teoría del Estilo de Percepción™.**.

---

*Si aún no ha completado la Evaluación del Estilo de Percepción, por favor hágalo antes de comprar este libro.

Visite https://thepowerofyourperception.com/portada

Obtenga más información acerca de la teoría sobre los
Estilos de Percepción™ en nuestro libro.

Disponible en Amazon.

Dedicado a
homenajear como usted es

y a nuestras familias y amistades
que celebran con nosotros

Tabla de Contenido

¡Bienvenido!

La vida es demasiado corta para no disfrutarla plenamente. Probablemente existan personas haciendo fila para decirle lo que debe hacer mejor y que si solo se esforzara más, pudiera mejorar y encontrar el éxito y la felicidad. Aunque es cierto que hacer su mejor esfuerzo y esforzarse por mejorar son metas admirables, el truco es asegurarse que se está enfocado en sus habilidades y talentos naturales ... no en los de otra persona.

Entonces, ¿cómo sabe cuáles son sus habilidades y talentos naturales?

La respuesta a esta pregunta es la base de nuestro trabajo y el catalizador de más de 40 años de investigación y desarrollo de programas para personas como usted. **El objetivo principal de esta guía de acción y de todos nuestros programas, es ayudarlo a identificar y usar sus habilidades y talentos naturales.**

El primer paso es entender cómo encaja en el mundo, cómo percibe el mundo que lo rodea y cómo esa percepción influye en sus acciones. El propósito de *¡Celebra Quién Eres!* es ayudarlo a explorar y reclamar los aspectos únicos de su percepción. A medida que lo haga, sus habilidades y potencial innato se expandirá. Sus habilidades innatas y su potencial se expandirán y fortalecerán a medida que reclame el Poder de su Percepción™.

Esta guía de acción está organizada en secciones que proporcionan información sobre aspectos específicos de la forma en que usted ve el mundo, seguidas de preguntas diseñadas para ayudarle a aplicar estos conocimientos. Una vez que comience a leer, es posible que desee apresurarse hasta el final: hay mucha información excelente. Le recomendamos que **se tome el tiempo para reflexionar sobre cada sección** y considerar las preguntas presentadas: su experiencia será más personal y significativa.

Estamos muy contentos de que haya elegido emprender este viaje con nosotros. Aprenderá cosas nuevas sobre usted mismo, validará cosas que innatamente sabe que son verdaderas y se sentirá verdaderamente contento al confirmar quién es y cuál es realmente su potencial.

¡Saludamos su éxito!

Lynda-Ross y Gary

Introducción

Su viaje para reclamar sus habilidades y darse cuenta plenamente del poder que su percepción aporta a sus habilidades y talentos naturales comienza con *¡Celebra Quién Eres!* – un proceso de descubrimiento enfocado en ayudarle a comprender su visión integral del mundo y su parte en él:

- entender aquello que verdaderamente hace bien,

- ser reconocido y apreciado por lo que es, y

- sentirse confiado con su expresión personal de sus habilidades naturales.

La clave para entenderse a sí mismo es entender su **Estilo de Percepción™ (Perceptual Style™).**

El Estilo de Percepción, es la forma en que toma la información a través de sus cinco sentidos y la hace significativa para usted.

Su Estilo de Percepción actúa como un filtro entre la sensación y la comprensión. Está en el centro de quién usted es, e impacta sus valores, creencias, sentimientos y psicología.

Usted posee uno de los seis distintivos Estilos de Percepción. Las decisiones que toma, las acciones que toma y las direcciones que elige están influenciadas por su Estilo de Percepción, porque este define la realidad para usted.

Su Estilo de Percepción es Fluido

Antes de revisar los detalles de su Estilo de Percepción

La evaluación de Estilo de Percepción que completó mide cuál de los seis Estilos de Percepción, describe la forma en que ve el mundo.

En las siguientes secciones de esta guía de acción, descubrirá la profundidad y riqueza de su Estilo de Percepción.

Encontrará una descripción general sobre la experiencia perceptiva de personas con quien comparte su estilo, al igual que detalles sobre las fortalezas y comportamientos específicos en diez habilidades críticas de la vida.

Recuerde que su Estilo de Percepción, no es solo un pasatiempo entretenido basado en conceptos psicológicos, sino una parte fundamental de quién usted es. Las decisiones y acciones que toma, al igual que las direcciones que elige, están influenciadas por su Estilo de Percepción. Su Estilo de Percepción define su realidad.

Su Estilo de Percepción es la base de todas sus fortalezas naturales, las habilidades con las que tiene el potencial de sobresalir verdaderamente con gracia y facilidad, debido a la forma en que ve y experimenta el mundo que lo rodea.

A medida que lea sobre cómo su Estilo de Percepción da forma a su enfoque en diversos aspectos de su vida, identificará las cosas que hace tan fácilmente que asume que todos tendrán la misma facilidad, pero ese no es el caso. ¡Son fortalezas características de su Estilo de Percepción!

También identificará habilidades que le parezcan nuevas. Estas son habilidades para las cuales tiene una capacidad innata debido a su Estilo de Percepción. Sin embargo, es posible que aún no haya tenido una razón para usarlas.

Encontrará que gran parte de la descripción del Estilo de Percepción, se adapta a usted cómodamente y validará su experiencia perceptiva.

Es importante tener en cuenta que es posible que no se relacione con todos los aspectos de su Estilo de Percepción, pero sabrá que es el suyo cuando el 80% o más de los detalles encajen.

A medida que lea esta guía de acción, esperamos que gane orgullo y confianza en las habilidades que puede reclamar fácilmente como suyas e identifique otras que le brinden nuevas posibilidades.

¡Comencemos!

Fluido – Experiencia Perceptiva

Cada uno de los seis Estilos de Percepción entiende y experimenta el mundo de maneras fundamentalmente diferentes. Para entenderse a sí mismo, usted debe entender la naturaleza de su experiencia.

Con el Estilo de Percepción llamado Fluido, usted percibe el mundo surgiendo como una cuestión natural, reflejando armonía y cooperación.

Confía en el flujo continuo de la experiencia y cree que lo importante y necesario eventualmente se hará evidente.

Percebe un mundo ricamente texturizado donde las piezas encajan y se apoyan mutuamente y dependen unas de otras.

Cree en y valora la armonía subyacente y la cooperación que ve como inherentes en el mundo.

Es un feroz protector de los aspectos del mundo natural amenazados por la explotación.

Sabe que las conexiones que ve no siempre son obvias para otros, por lo que se toma el tiempo para explicar pacientemente.

Crea y mantiene relaciones poderosas pero personales que forman y mantienen unidas a las comunidades.

Establece conexiones con otras personas de manera constante y paciente porque sabe que las relaciones requieren tiempo.

En consecuencia, las personas son invitadas a formar parte o se mantienen fuera de su círculo de relaciones.

Evita presionar, exigir o tomar acciones abruptas porque confía en que las cosas se acomodarán en su momento adecuado.

Valora los entornos cómodos y centrados en las personas que los habitan.

Cuando su entorno se aleja de la cooperación, los valores compartidos y la comunidad, influye discretamente en su realineación, poniendo sus necesidades personales a un lado si es necesario. Aunque esto se hace con gran cuidado, no es pasivo, ya que teje habilidosamente un tejido de relaciones que une a otros con usted.

Usted utiliza sus círculos de familia, amistades y conocidos para recopilar y transmitir información informal, y utiliza su intuición para determinar qué compartir y qué retener. Hace esta determinación entendiendo lo que construirá alianzas de manera más efectiva y fluida, fomentará la participación y generará compromiso. Su compartición de información es tan cuidadosa y bien sincronizada que otros experimentan una conexión personal con usted y permanecen receptivos y abiertos.

A menudo actúa como un punto de escucha sin la necesidad de dar consejos, juzgar o proporcionar opiniones.

Ofrece ayuda y asistencia cuando se le pide, pero a menudo toma la forma de empatía y apoyo en lugar de estrategias y planes de acción.

Anima al desarrollo y al crecimiento y empatiza con aquellos que están luchando.

Las personas responden a su compromiso personal con ellas al igual que con el calor y preocupación que les demuestra.

Rara vez tiene tanta prisa que no pueda tomar el tiempo para interactuar con aquellos que tienen problemas o simplemente quieren hablar.

Es un excelente administrador que interpreta la política y los procedimientos para su comunidad.

Usted es un guardián de la historia y la tradición de la comunidad y proporciona continuidad entre el pasado, el presente y el futuro. Utiliza la historia de la comunidad para mantenerla enraizada.

Usted es la persona ideal para suavizar los bordes afilados de entornos caóticos y relaciones impredecibles.

Desarrolla un sentido de cohesión dentro de los grupos y genera un sentido de identidad grupal al cual otros se comprometen voluntariamente.

Asegura el compromiso pensando en los demás, haciendo contacto, haciendo favores y manteniéndose pendiente de ellos.

Es importante para usted que los extraños perciban con precisión los valores de la comunidad, por lo que presta cuidadosa atención a la imagen que proyecta su grupo y se aseguras de que sea consistente y apropiada.

Para usted, el mundo no es una serie de hechos no relacionados, al contrario, es algo único lleno de patrones, impresiones y conexiones. Comunica su experiencia a través de historias que proporcionan a otros el contexto necesario, pero pueden omitir puntos factuales que usted considera irrelevantes.

Sus historias son una forma de construir una conexión personal y encontrar puntos en común con otros en lugar de un medio para transmitir datos y hechos.

Su Estilo de Percepción llamado Fluido es la razón por la cual usted:

- usted se relaciona con y comprende a las personas en su comunidad.

- comunica comprensión, paciencia y equidad.

- transforma la relación con recién conocidos en amistades a largo plazo.

- encuentra el significado de su vida en sus relaciones.

- desarrolla relaciones personales íntimas como resultado de actividades compartidas.

- coordina decisiones complejas para reflejar las políticas y planes de la comunidad.

- disuelve distinciones innecesarias que dividen a las personas.

- facilita coaliciones entre grupos diversos.

- aprecia y comunica la necesidad de compartir recursos.

- reconoce la interdependencia de todas las personas.

- reconoce y aborda las brechas de comunicación entre las personas.

- protege la autoestima de los demás cuando experimentan el fracaso.

- atiende a las necesidades y problemas de la comunidad.

- es sensible a los sentimientos de los demás.

- honra el pasado y valora la tradición.

Reflexión sobre la Experiencia Perceptiva

No es inusual reaccionar a la introducción inicial de su Estilo de Percepción con sentimientos de orgullo ("sí, lo hago bien"), un sentido de validación ("ahora que lo mencionas, ¡lo hago!") y algunas sorpresas ("¿en serio?").

A continuación, presentamos algunos ejemplos que lo ayudarán a reconocer cómo se refleja su Estilo de Percepción llamado Fluido en las cosas que hace.

- Considere las comunidades que son importantes para usted: familia, amistades, trabajo, espiritual, organizaciones sociales o de servicio, etc. ¿Cuáles de las habilidades enumeradas en la sección titulada *Experiencia Perceptual* encuentra que utiliza para interactuar en esas comunidades?

- Usted reconoce la falacia en la frase *"lo suficientemente bueno para el trabajo gubernamental"*. ¿Cuáles de las habilidades enumeradas en la sección titulada *Experiencia Perceptual* contribuyen a su capacidad para ver a través de soluciones simplistas?

- ¿Qué habilidades enumeradas en la sección titulada *Experiencia Perceptual* utiliza a diario?

Adaptabilidad:
su respuesta a los cambios

El cambio es constante; es parte de su vida cotidiana. Hay cambios en el clima, la economía, las relaciones, las situaciones laborales, etc. El solo vivir cada día y envejecer trae cambios.

Algunos cambios son sorpresas, algunos cambios usted inicia, y algunos cambios simplemente parecen inevitables.

Es por eso que la adaptabilidad es una habilidad crítica para la vida.

La adaptabilidad se define, como la capacidad de adaptarse a nuevas condiciones o circunstancias. El aprovechar sus fortalezas relacionadas con su adaptabilidad, puede significar la diferencia entre la preocupación excesiva y el estrés frente a lidiar con los cambios en sus términos.

No existe una sola forma de ser adaptable. La verdadera clave de la adaptabilidad es saber qué es cómodo para uno mismo y cómo establecer ese nivel de confort con los cambios en su vida.

Las habilidades naturales que apoyan su adaptabilidad son esenciales para ayudarlo a comprender sus reacciones y niveles de tolerancia para cosas como:

- planificación

- toma de decisiones

- entornos caóticos

- estructura

- ambigüedad

- espontaneidad

- resolución de problemas

El adoptar sus habilidades de adaptabilidad, lo ayudará a elegir entornos de trabajo, relaciones y situaciones sociales donde prosperará y evitará aquellos que lo arrastrarán hacia abajo.

Con el Estilo de Percepción llamado Fluido, usted desconfía de los cambios radicales.

Valora la tradición, los procesos comprobados con el pasar del tiempo y los acuerdos actuales

Cree que el progreso depende de integrar estos tres elementos y que las personas que no recuerdan el pasado están condenadas a repetirlo. Acepta eventos nuevos que respalden sus tradiciones y valores, y se adapta de manera fluida a los cambios que siente que están conectados con el flujo de su experiencia personal.

Desconfía profundamente de los cambios arbitrarios porque intuye los impactos y efectos secundarios en las personas involucradas. A menudo, otros lo buscan en momentos de agitación porque sus habilidades son invaluables para restaurar la estabilidad, la coherencia y la identidad.

Experimenta el cambio como una interrupción significativa de la armonía y la cooperación.

La experiencia le ha enseñado que a menudo más cosas salen mal con el cambio que bien.

Es consciente del efecto dominó del cambio en todo el entorno y su impacto no deseado en la vida de las personas.

Adaptabilidad:

Cree que cualquier cambio necesario debe planificarse con mucho tiempo de antelación a su implementación, con todas las consecuencias pensadas y las personas preparadas de manera suave y sensible.

Cuando se le brinda tiempo y apoyo, usted puede ser increíblemente efectivo en prepararse a sí mismo y a otros para el cambio, facilitando el proceso real de cambio y minimizando su efecto disruptivo.

Con gran destreza, resuelve problemas en entornos que han sido perturbados y cuida a las personas que han resultado heridas debido a esfuerzos de cambio apresurados o torpes.

Su Estilo de Percepción llamado Fluido es la razón por la cual usted:

- utiliza lecciones de experiencias pasadas para planificar los efectos del cambio.

- anticipa el potencial impacto disruptivo del cambio.

- se esfuerza por introducir el cambio con paciencia y cuidado.

- evalúa los resultados e impactos al considerar nuevas soluciones.

- trabaja diligentemente para minimizar el caos y la confusión provocados por el cambio.

- empatiza con las víctimas del cambio.

Reflexión sobre la Adaptabilidad

A continuación, presentamos algunos ejemplos que lo ayudarán a reconocer cómo se refleja su Estilo de Percepción llamado Fluido en sus habilidades de adaptabilidad:

- Describa una situación reciente en la que facilitó la aceptación de un cambio para otras personas. ¿Qué atributos y habilidades enumeradas en la sección titulada *Adaptabilidad* utilizó?

- Describa un cambio que le causó malestar porque desafió sus tradiciones o valores.

- ¿Cómo superó su malestar con el cambio que describió anteriormente?

Colaboración:
trabajo en equipo y cooperación

Interactuar en cooperación con otros, es una parte fundamental de la vida, y es un ingrediente crítico para las familias, amistades, actividades escolares y los entornos laborales y sociales. Prácticamente todos los aspectos de su vida son una oportunidad para la colaboración.

Muchos estudios en psicología y sociología demuestran la realidad que los seres humanos se marchitan en aislamiento y prosperan en comunidad. El dicho: "Ningún hombre es una isla", es cierto. Solos flaqueamos; juntos, podemos ver y lograr mucho más.

Como seres humanos, estamos programados para buscar comunidad, conectarnos con otros seres humanos y pertenecer. Sentirse conectado con los demás mejora nuestra salud física y bienestar mental y emocional.

La colaboración es el núcleo de la participación en la comunidad, ya sea que esa comunidad sea su familia, lugar de trabajo, amistades u otros grupos de personas.

Sin embargo, la colaboración puede ser muy desafiante porque debemos tratar con personas que ven las cosas de manera diferente a nosotros y que poseen diferentes habilidades y debilidades.

Con el **Estilo de Percepción** llamado **Fluido**, usted utiliza su afinidad por las relaciones como base para sus colaboraciones.

Facilita el bienestar de un grupo asegurándose sutilmente de que cada persona tenga un interés en la existencia del grupo.

Lee las interacciones entre las personas, constantemente verifica barreras que inhiban el progreso del grupo.

Anima a las personas a conectarse en torno a intereses, preocupaciones y tareas compartidas.

Reúne a las personas para formar equipos que son cooperativos y amigables.

Fomenta que las personas coordinen sus actividades y se apoyen mutuamente.

Cree que la cooperación fluirá naturalmente cuando los grupos estén libres de conflictos y equilibrados.

Se asegura de que se escuche la opinión de todos y se reconozca la contribución de cada persona.

Es una persona excelente para la coordinación de personas con logística y procesos.

Asegura que las decisiones, acciones y logros reflejen al equipo en lugar de cualquier miembro individual del mismo.

Su **Estilo de Percepción** llamado **Fluido** es la razón por la cual usted:

- influye sutilmente a los grupos hacia la armonía y la cooperación.

- fomenta la cohesión entre los miembros y un sentido de lealtad al grupo.

- asegura el compromiso de todos los miembros del grupo antes de que el grupo tome medidas.

- garantiza que las ideas de todos sean exploradas y utilizadas de manera efectiva.

- se asegura de que las actividades del grupo fluyan de manera suave y predecible para evitar eventos y emergencias inesperado.

- crea un ambiente de seguridad y aceptación en un grupo.

- facilita que los grupos utilicen las diferencias entre los miembros de manera productiva.

- dedica tiempo a escuchar a los demás que necesitan un hombro en el que apoyarse.

Reflexión sobre la Colaboración

A continuación, presentamos algunos ejemplos que lo ayudarán a reconocer cómo se refleja su Estilo de Percepción llamado Fluido en sus habilidades de colaboración:

- Liste los atributos descritos en la sección titulada *Colaboración* que reconoce en su propio comportamiento cuando forma parte de una comunidad o equipo.

- ¿Cuáles son las habilidades más sólidas que aporta a la colaboración y al trabajo en equipo?

- Describa una situación que demuestre su uso de estas habilidades.

Comunicación:
hablar, escribir y escuchar

L a comunicación es la acción fundamental que une o separa a las personas.

Todos queremos que nos entiendan. Por lo tanto, buscamos las palabras y el tono correctos para transmitir nuestro mensaje. A menudo no reconocemos que cada uno de nosotros tenemos nuestro propio filtro de comunicación y, debido a ese filtro, lo que queremos decir no siempre es lo que otros escuchan y viceversa.

Las desconexiones en la comunicación nos suceden a todos. No es una indicación que nosotros o las otras personas estemos cortos de inteligencia. Tampoco quiere decir que usted no este poniendo atención o tratando de establecer una conexión. La realidad es que las palabras que elige, el significado que pretende y los desencadenantes de eventos que escucha están influenciados por su Estilo de Percepción.

Las palabras son un código que ponemos en nuestros pensamientos e ideas con el fin de comunicar nuestra intención y significado a los demás. El código que usa a diario para hablar, escribir y escuchar depende en gran medida de cómo percibe el mundo.

En el centro de su comunicación está su Estilo de Percepción llamado Fluido.

La forma en que ve el mundo y lo hace significativo para usted, está directamente relacionado con su manera de expresarse y escuchar.

Utiliza la comunicación como una herramienta para fortalecer y desarrollar relaciones.

Sus comunicaciones son personales, y tiene habilidades para expresar material sensible.

Es un comunicador cuidadoso, asegurándose de haber pensado en lo que quiere decir antes de expresarlo.

A menudo utiliza metáforas y lenguaje simbólico para transmitir temas complejos y desafiantes desde el punto de vista relacional.

Sabe que las conexiones que ve no siempre son obvias para los demás, por lo que se toma pacientemente el tiempo para explicar.

Es un buen oyente que presta atención, es receptivo y responde al hablante.

Responde reflexivamente después de haber tenido tiempo para reflexionar sobre los significados más profundos implícitos en el contenido de lo que ha escuchado.

Prefiere la conversación a la escritura porque brinda oportunidades para comprender el contexto, desarrollar relaciones y realizar intercambios, y puede responder plenamente al contenido emocional.

Su escritura es contextual, personal y detallada en términos de experiencia, con un amplio uso de metáforas y lenguaje simbólico.

Su Estilo de Percepción llamado Fluido es la razón por la cual usted:

- se mantiene en contacto para poder mantener abiertos los canales de comunicación.

- utiliza los intereses de las personas para involucrarlas en conversaciones.

- es un oyente atento.

- utiliza imágenes y impresiones amplias y globales al hablar o escribir.

- responde sin juzgar a los demás.

- es sensible a los estados emocionales de los demás.

- se sumerge en conversaciones tranquilas y enfocadas.

- monitoriza cuidadosamente lo que dice para evitar impactos negativos.

Reflexión sobre la Comunicación

A continuación, presentamos algunos ejemplos que lo ayudarán a reconocer cómo se refleja su Estilo de Percepción llamado Fluido en sus habilidades de comunicación:

- Considere sus comunicaciones diarias dentro de sus comunidades. ¿Qué habilidades enumeradas en la sección titulada *Comunicación* utiliza con mayor frecuencia?

- ¿Quién lo elogió recientemente por ser un buen oyente? ¿Cuáles fueron las circunstancias?

- Describa una situación en la que tuvo que trabajar fuertemente para poder escuchar lo que se estaba diciendo. ¿Qué hizo que fuera así?

Conflicto:
cómo lidiar con la oposición
y el desacuerdo

Uno pensaría que los seres humanos, dada su necesidad de establecer comunidad, hubieran encontrado una solución al conflicto interpersonal hace muchos años.

Hubiera sido maravilloso, pero desafortunadamente el conflicto interpersonal es un resultado natural de la interacción humana. Las personas ven el mundo de manera diferente, tienen distintos valores y expectativas, y no siempre comparten los mismos objetivos o posibilidades.

Como seres humanos, todos deseamos pertenecer a algo, que se nos valore y que le agrademos a los otros. Si partimos de la suposición, que otras personas tienen buenas intenciones y no están tratando de irritarnos o insultarnos, es más fácil darnos cuenta que simplemente ellos no ven la situación de la misma manera que nosotros (lo más probable es que tengan un Estilo de Percepción diferente).

Al tener en cuenta este concepto, se suaviza el dolor de las desconexiones. No es personal; es una perspectiva diferente.

El tener conflicto en su vida es inevitable. Ya sea que los conflictos sean menores o graves, usted posee habilidades naturales para ayudarlo a lidiar eficazmente con la oposición y el desacuerdo.

Con el **Estilo de Percepción** llamado **Fluido**, usted experimenta el conflicto como una fuerza disruptiva que aleja a las personas entre sí.

Cree que poco bien proviene del conflicto porque rompe los lazos que crean relaciones.

Considera que la armonía entre las personas involucradas en el conflicto trasciende cualquier punto que se pueda hacer o victoria que se pueda obtener cuando se "gana" un conflicto.

Incluso cuando está en el lado de los vencedores, siente el dolor y el resentimiento de los perdedores y ve las consecuencias disruptivas a largo plazo para la comunidad en general.

Restaura la cooperación al desactivar, así como resolver el conflicto.

Logra que las partes en conflicto lleguen a un acuerdo enfatizando puntos en común y ofreciendo una perspectiva que minimiza las diferencias.

Ignora los comentarios que podrían llevar a conflictos entre usted y otros y considera el debate como una actividad improductiva y disruptiva.

Intenta "ver el otro lado" antes de involucrarse en el conflicto a regañadientes.

Acepta compromisos que pueden no ser los mejores para usted solo para superar un conflicto.

Su Estilo de Percepción llamado Fluido es la razón por la cual usted:

- se mueve hacia terreno común para encontrar áreas de acuerdo y así desactivar conflictos.

- cambia hábilmente de tema para evitar conflictos.

- desactiva conflictos de poder alentando a ambas partes a ponerse en el lugar del otro.

- acepta para evitar el debate.

- fomenta el llegar a un acuerdo.

- cree que enfocarse en las similitudes puede desactivar eficazmente los conflictos.

Reflexión sobre el Conflicto

A continuación, presentamos algunos ejemplos que lo ayudarán a reconocer cómo se refleja su Estilo de Percepción *llamado* Fluido *en la forma en que se enfrenta al conflicto:*

- Describa un conflicto entre otras personas que ayudó a desactivar. ¿Qué habilidades enumeradas en la sección titulada el *Conflicto* utilizó?

- ¿Cuándo fue la última vez que intentó evitar un conflicto? ¿Cuáles fueron los resultados?

- Describa la última vez que se vio personalmente involucrado en un conflicto. ¿Cómo lo resolvió?

Liderazgo:
inspirar y guiar a otros

Básicamente, el Liderazgo se define como inspirar y guiar a un grupo de personas para lograr un objetivo común. En esencia, el liderazgo combina el arte y la ciencia para atraer seguidores, señalar una dirección y luego guiar e influir en sus seguidores para lograr los objetivos.

Muchos tratarán de convencerlo que existe una sola forma para ser un líder efectivo. O que, si usted no es una persona naturalmente extrovertida, autoritaria o visionaria, no podrá ser un líder efectivo. Simplemente esto no es cierto. El verdadero éxito de un líder ocurre de adentro hacia afuera - usando sus habilidades naturales para guiar e inspirar a otros a lograr grandes éxitos.

Todo el mundo tiene la capacidad de ser un líder eficaz, incluso excepcional. No existe un solo conjunto de rasgos o comportamientos que garanticen el éxito. Existe SU manera de ser un líder, basada en sus habilidades naturales.

Con el **Estilo de Percepción** llamado **Fluido**, usted lidera una comunidad de seguidores que se sienten atraídos por la dirección que toma basada en valores compartidos.

Construir, hacer crecer y mantener su comunidad de seguidores es una prioridad máxima. Sin embargo, no dirige tanto como supervisa y guía a los seguidores de nuevo hacia el grupo cuando es necesario.

Su comunicación es matizada, con múltiples niveles de significado que tienen efectos indirectos pero poderosos en toda su comunidad.

Liderazgo:

Cuando se enfoca en aquellos fuera de su grupo de seguidores, su comunicación es más directa y enérgica, y presenta de manera clara y convincente lo que sus seguidores creen y a qué se oponen.

Una de sus herramientas de liderazgo más poderosas es su cuidadosa facilitación de relaciones. Continuamente forma y reforma subgrupos, guiando selectivamente conexiones personales y facilitando la creación de un grupo de seguidores armonioso.

Es paciente y no siente prisa por avanzar hasta que todos hayan sido adecuadamente preparados y estén a bordo, y al hacerlo, construye un consenso para la dirección de su liderazgo.

Una vez comprometido, sigue una dirección con tenacidad calmada que absorbe, coopta o desvía cualquier oposición externa.

Sabe que el conflicto puede desgarrar relaciones y comunidades. Es hábil en desactivarlo al enfocarse en terreno común, direccionar a aquellos en conflicto en nuevas direcciones y calmar los ánimos exaltados.

Desconfía del cambio debido a la interrupción que trae, pero es hábil en ayudar a sus seguidores a reconciliar el cambio y permitir que su comunidad absorba y reduzca las consecuencias perturbadoras.

Su Estilo de Percepción llamado Fluido es la razón por la cual usted:

- utiliza relaciones personales para crear una base de poder fuerte y efectiva.

- encuentra oportunidades para mantener el contacto y mantener sus relaciones.

- demuestra una fuerte constancia de propósito.

- asume la responsabilidad de decisiones y direcciones que afectan a su comunidad.

- surge como el centro del flujo de información interno y externo.

- aprecia los detalles y aplicaciones de políticas y pautas.

- maniobra grupos hacia la armonía y la cooperación.

- evita tomar decisiones de tipo "sí o no" a menos que pueda basar su respuesta en un procedimiento previamente establecido o en experiencias anteriores.

- construye cohesión entre seguidores y un sentido de lealtad al grupo.

- influencia a otros para que tomen medidas, de modo que sientan que es su elección o idea.

- demuestra un conocimiento de las realidades políticas de una situación.

- desactiva y armoniza conflictos de poder.

- desarrolla una fuerte lealtad en otros al ser receptivo a sus necesidades.

- flexiona las reglas y regulaciones para acomodar las necesidades individuales de sus seguidores.

Reflexión sobre el Liderazgo

A continuación, presentamos algunos ejemplos que lo ayudarán a reconocer cómo se refleja su Estilo de Percepción *llamado* Fluido *en la forma como enfoca el Liderazgo:*

- Liste los atributos descritos en la sección titulada *Liderazgo* que reconoce en su propio comportamiento.

- ¿Cuáles son sus habilidades de liderazgo más sólidas?

- Describa una situación que demuestre su uso de estas habilidades.

Aprendizaje: adquisición de nuevos conocimientos y habilidades

El aprendizaje, cuando somos adultos es una experiencia completamente diferente a cuando somos niños. Específicamente el hecho que como adultos el proceso es mucho más autodirigido.

Como niño, uno aprende porque nuestros padres y maestros nos ordenan a hacerlo, y ellos califican y monitorean nuestro progreso.

Como adulto, es más probable que se dedique a estudiar por una razón particular, como el conocimiento y las habilidades relacionadas con su trabajo o autodesarrollo personal. Y es más probable que elija temas que tengan un impacto inmediato en su vida cotidiana o laboral.

Un aspecto del aprendizaje que no cambia con el tiempo es su preferencia por la forma cómo se le presente la información. Hay tres métodos generales de aprendizaje:

- Visual (imágenes, gráficos, palabra escrita),

- Auditivo (historias, canciones, discusiones), y

- Kinestésico (experiencial, actividades, juegos de rol).

Debido a su Estilo de Percepción, usted responde a los tres métodos de aprendizaje, pero prefiere una combinación única de estos para maximizar su conocimiento y crecimiento.

Con el Estilo de Percepción llamado Fluido, es un aprendiz usted es un aprendiz paciente y cuidadoso.

Aprendizaje:

Prueba nuevas ideas e información antes de integrarlas en su vida.

Mira con sospecha y puede descartar el aprendizaje que no se siente correcto o no encaja de manera fluida con lo que sabe.

Busca conocimientos amplios que revelen y respalden verdades fundamentales sobre las relaciones humanas. Como tal, se siente atraído por el aprendizaje como una forma de crear, desarrollar y mantener las comunidades que son integrales en su vida.

Prospera en el aprendizaje que surge del intercambio interpersonal. Este intercambio le permite comparar experiencias y compartir información que refuerza sus valores desde nuevas y diferentes perspectivas.

Tiene dificultades con los hechos impersonales y las situaciones de aprendizaje que ignoran los aspectos únicos del aprendiz.

Su Estilo de Percepción llamado Fluido es la razón por la cual usted:

- aprende a través del diálogo, el intercambio libre y la interacción personal.

- disfruta explorando el contexto de las relaciones personales.

- encuentra tediosas las conferencias largas, sin preguntas y respuestas integradas.

- disfruta escuchando sesiones de preguntas y respuestas para obtener nuevas perspectivas y afianzar su comprensión.

- compara la nueva información y experiencia con experiencias históricas y personales.

- integra nueva información para que encaje de manera fluida y continua con el flujo de su experiencia.

- busca las reacciones de otros a través de conversaciones personales o leyendo sus evaluaciones.

- prefiere el aprendizaje experiencial e interactivo.

Reflexión sobre el Aprendizaje

A continuación, presentamos algunos ejemplos que lo ayudarán a reconocer cómo se refleja su Estilo de Percepción llamado Fluido en la forma como enfoca el aprendizaje:

- ¿Describa algo que recientemente se propuso aprender? ¿Cómo abordó el proceso de aprendizaje?

- Describa la experiencia de aprendizaje formal más placentera que haya tenido.

- ¿Cómo se comparan estas dos experiencias de aprendizaje que acaba de describir? ¿Qué habilidades enumeradas en la sección titulada *Aprendizaje* utilizó para cada una?

Persuasión:
convencer a los demás

La persuasión es el acto de convencer a otros que estén de acuerdo con su punto de vista, adopten una perspectiva particular o tomen un curso de acción que usted sugiera. Es el proceso de presentar información y razones que motivan o cambian el pensamiento de otra persona.

La retórica—el arte de la persuasión—ha sido estudiada y discutida durante miles de años por personas como Platón y Aristóteles, entre muchos otros. A Aristóteles se le atribuye generalmente la creación de los pilares fundamentales de la retórica en su tratado *Retórica*, publicado alrededor del año 330 AEC.

Con toda esa historia, es inevitable que ambas palabras, "retórica" y "persuasión", tengan connotaciones positivas y negativas. Al igual que la palabra "ventas", pensamos en la persuasión como positiva cuando las intenciones y los resultados son positivos para ambas partes y negativos cuando las intenciones son manipuladoras y los resultados no son del mejor interés de la otra persona.

En esta sección, nuestro enfoque será específicamente relacionado en las habilidades positivas y esenciales relacionadas con la persuasión. Estas habilidades le ayudan a interactuar de manera efectiva con otros en casa y en el trabajo. ¡Imagínese cómo sería planificar unas vacaciones familiares si no tuviera habilidades de persuasión!

Con el **Estilo de Percepción** llamado **Fluido**, usted aborda la persuasión como un proceso suave y persistente, logrado a través de una comunicación paciente y sutil.

Usted cree que la persuasión se da gracias a relaciones sólidas y de confianza que se construyen con otros con el tiempo.

Usted establece estas relaciones al escuchar pacientemente e interactuar de manera sensible, servicial y personal.

Mantiene un contacto a largo plazo con las personas y nutre sus conexiones con ellas para poder anticipar sus necesidades.

Es consciente de la impresión que causa y del efecto emocional que tiene en los demás.

También es consciente de las necesidades que no puede satisfacer y utiliza los recursos dentro y fuera de su comunidad para encontrar formas de ayudar a otros.

Encuentra aborrecibles las tácticas de alta presión y prefiere alejarse de algo que desea en lugar de respaldar esas tácticas.

Su Estilo de Percepción llamado Fluido es la razón por la cual usted:

- se mantiene al tanto de las necesidades y el estado de los demás.

- aborda la persuasión como un proceso en lugar de un evento.

- trata a cada persona como si fuera un individuo único.

- crea relaciones personales con aquellos a quienes necesita persuadir.

- discierne las necesidades y dificultades de los demás.

- sortea objeciones utilizando un enfoque personal.

- mantiene contacto con personas fuera de su comunidad que pueden brindar apoyo.

- persuade suavemente para disolver la resistencia.

- expresa una preocupación sincera por las emociones de los demás.

- evita presentar más ideas de las que los demás pueden asimilar.

Reflexión sobre la Persuasión

A continuación, presentamos algunos ejemplos que lo ayudarán a reconocer cómo se refleja su Estilo de Percepción llamado Fluido en la forma como enfoca la persuasión:

- Describa una interacción reciente en la que convenció a alguien de adoptar su punto de vista o tomar la acción que sugirió. ¿Qué habilidades enumeradas en la sección de *Persuasión* utilizó?

- Describa una situación en la que tuvo que lidiar con alguien que intentaba persuadirlo a través de la pura fuerza de su punto de vista. ¿Cómo respondió?

- Describa una situación en la que tuvo que lidiar con alguien que basaba su decisión en emociones. ¿Cómo respondió?

Automotivación: crear un incentivo personal para la acción

En su forma más simple, la automotivación es la capacidad de convencerse a hacer algo. Desarrollar entusiasmo personal e inspiración para tomar acción.

La automotivación es el catalizador de las metas que establece para sí mismo. Ella desarrolla su deseo de lograr sus metas, establece su compromiso con la acción y le ayuda a superar su miedo a lo desconocido o al fracaso.

La automotivación es una habilidad crítica porque le mantiene poniendo un pie delante del otro cada día de su vida.

Hay cosas que usted quiere hacer dependiendo del nivel de satisfacción que espera recibir cuando las haga. Divertirse es un gran ejemplo.

Y hay cosas que debe hacer para lograr algo tangible como el dinero u otras cosas, o intangible como el control o el estatus. Ir a trabajar es un buen ejemplo.

La automotivación es lo que le impulsa a la acción tanto por lo que quiere hacer como por lo que necesita hacer.

Con el **Estilo de Percepción** llamado **Fluido**, usted se motiva por la oportunidad de establecer conexiones y construir comunidad.

Disfruta de la cooperación y la creatividad que vienen con la colaboración y el trabajo en equipo.

Automotivación:

Confía en que otros se unirán a usted si se les da la oportunidad de experimentar el apoyo personal y la validación que brinda una verdadera comunidad.

Disfruta de estar al servicio de los demás, pero esto puede ser una espada de doble filo, ya que a menudo coloca sus propias necesidades en un segundo plano.

Desea sentir que es apreciado.

Sabe que la forma en que tratamos el entorno natural es extremadamente importante, y está motivado para ser una influencia positiva y marcar la diferencia.

La belleza de la naturaleza le energiza.

Las personas que percibe como hipócritas o insinceras le desmotivan.

Encuentra perturbadoras las personas y los entornos impersonales y distantes.

Las oportunidades para involucrarse, brindar ayuda y construir relaciones y trabajo en equipo ayudan a restaurar su armonía y bienestar.

Su Estilo de Percepción llamado Fluido es la razón por la cual usted:

- disfruta de participar como parte de un grupo más grande.

- desarrolla comunidades que apoyen a otros.

- desea una apreciación tranquila por sus contribuciones y esfuerzos.

- se siente perdido cuando es ignorado o excluido.

- disfruta y trabaja bien con otros en cooperación.

- encuentra momentos de alegría y revitalización en la naturaleza.

- disfruta ayudando a los demás.

Reflexión sobre la Automotivación

A continuación, presentamos algunos ejemplos que lo ayudarán a reconocer cómo se refleja su Estilo de Percepción llamado Fluido en la forma como enfoca la automotivación:

- Describa la última vez que se sintió entusiasmado/a por hacer algo.

- ¿Qué aspecto de la situación anticipó usted con mayor entusiasmo?

- ¿Cuál fue el aspecto más disfrutable del evento en sí?

- ¿Cómo se correlaciona la experiencia que describió con los atributos y habilidades enumerados en la sección titulada *Automotivación*?

Interacción Social:
entornos y situaciones preferidas

La interacción social describe a dos o más personas que establecen conexión mediante conversación. Puede ser tan corto y directo como decir "Hola" a alguien en la línea de pago y recibir una respuesta del mismo modo, o también puede ser tan complejo como una reunión de las Naciones Unidas.

La ciencia ha demostrado que la interacción social es de vital importancia para su salud mental y física. Los estudios han señalado que las personas que tienen relaciones satisfactorias con los demás (familiares, amistades, compañeros de trabajo, etc.) son más felices y saludables, mientras que aquellas con ausencia de interacción social, tienen una vida más corta. ¡uyy!

La interacción social es obviamente esencial en su vida. Lo que también es interesante es que prosperará en algunas situaciones sociales y entornos, pero será miserable en otras debido a su Estilo de Percepción.

Con el **Estilo de Percepción** llamado **Fluido**, usted disfruta de entornos y situaciones que son armoniosos, cooperativos y estables.

Le gusta interactuar en grupos pequeños donde la conversación puede fluir entre los participantes y todos son incluidos.

No es fanático de las multitudes grandes, ya que a menudo se sienten desconectadas, abrumadoras y demasiado impersonales.

Es más productivo cuando el entorno es seguro, cómodo y estéticamente agradable.

Aprecia las conversaciones uno a uno, donde puede enfocarse en la otra persona y nutrir las conexiones entre ustedes.

Prospera en entornos que le permiten ser, en lugar de aquellos que requieren que haga.

Encuentra que los entornos apresurados y urgentes, o, en el otro extremo, lentos y arrastrados, son disruptivos para el flujo del ser.

Funciona mejor cuando tiene claridad acerca de los límites de su entorno. Utiliza estos límites para definir claramente lo que forma parte de su comunidad y lo que no, qué comportamientos encajan y cuáles no, quiénes son "nosotros" y quiénes son "ellos".

La interacción social es esencial para usted, ya que valida el mundo ricamente texturizado que ve con la interconexión de personas que se apoyan y dependen mutuamente.

Su Estilo de Percepción llamado Fluido es la razón por la cual usted:

- valora la armonía, la cooperación y la estabilidad.

- se mantiene en contacto con las personas con una nota rápida, un mensaje de texto o una llamada solo para hacerles saber que está pensando en ellas.

- se siente solo y ligeramente desubicado cuando está aislado de amigos y familiares.

- se acerca a los nuevos vecinos para darles la bienvenida.

- recuerda y reconoce los cumpleaños y ocasiones especiales de amigos, familiares y compañeros de trabajo.

- disfruta participar en grupos y comités relacionados con sus pasatiempos, trabajo o vida espiritual.

- desea un entorno con un ritmo que no sea ni caótico y apresurado ni lento y pesado.

- prefiere entornos sin sorpresas desagradables.

- reflexiona sobre el pasado y "la forma en que han sido las cosas".

Reflexión sobre la Interacción Social

A continuación, presentamos algunos ejemplos que lo ayudarán a reconocer cómo se refleja su Estilo de Percepción llamado Fluido en la forma como enfoca la interacción social:

- Hace una lista de algunas de las cosas que disfruta haciendo con otras personas.

- ¿Cuáles atributos descritos en la sección titulada *Interacción Social* son comunes en la lista que creó anteriormente?

- Describa una situación en la que se haya sentido aislado o desconectado. ¿Qué hizo?

Orientación del Tiempo: perspectiva sobre el pasado, presente y futuro

La orientación del tiempo describe, cómo sus pensamientos, sentimientos y comportamientos, están influenciados por su perspectiva del tiempo.

La orientación del tiempo proporciona un marco para organizar sus experiencias en tres categorías: pasado, presente y futuro, y determinar el énfasis relativo que pone en cada una de estas categorías del tiempo.

Debido a su Estilo de Percepción, usted tiene una perspectiva específica sobre cómo se relaciona con el pasado, presente y futuro.

La orientación del tiempo es un factor importante en las diferencias de opinión entre usted y otras personas sobre lo que es importante. Esta no es obvia, pero influye profundamente en sus valores y sus decisiones sobre lo que debe ser atendido.

Inclinarse hacia una categoría del tiempo, no significa que esté atrapado allí. Es simplemente el marco de referencia con el que comienza.

Por ejemplo, algunos Estilos de Percepción se inclinan hacia el pasado (valoran las lecciones aprendidas, la experiencia y las tradiciones). Unos se inclinan hacia el presente (lo que está sucediendo ahora). Y otros se inclinan hacia el futuro (lo que debería suceder y lo que podría ser posible).

Orientación del Tiempo:

Con el Estilo de Percepción llamado Fluido, usted valora la historia y la tradición, y tiene fuertes lazos con el pasado.

Es un observador perspicaz de las lecciones de la historia, tanto personal como social, y ve la vida como una red de relaciones históricas que crecen y se profundizan con el tiempo.

Utiliza la experiencia del pasado como una guía de navegación para comprender las complejidades del presente.

Disfruta de las tradiciones que se alinean con sus valores, conectan a las personas entre sí y crean oportunidades para experiencias de vida compartidas.

Disfruta del presente, pero encuentra que aumenta su valor cuando se convierte en pasado y tiene tiempo para reflexionar y saborearlo.

Es cauteloso respecto al futuro, ya que puede ser un lugar incierto con cambios inevitables y disruptivos.

Su Estilo de Percepción llamado Fluido es la razón por la cual usted:

- aprovecha lecciones de experiencias pasadas.

- enfatiza las experiencias compartidas.

- ve el pasado como la base de relaciones estables.

- valora la preservación de rituales y tradiciones.

- disfruta del presente tal como es.

- recuerda y saborea experiencias pasadas.

- se mueve con cautela hacia el futuro.

- cree que el tiempo y la experiencia no pueden apresurarse ni ralentizarse.

Reflexión sobre la Orientación del Tiempo

A continuación, presentamos algunos ejemplos que lo ayudarán a reconocer cómo se refleja su Estilo de Percepción llamado Fluido en la forma como enfoca su Orientación del Tiempo:

- Piense en uno de sus recuerdos más queridos. ¿Cómo se mantiene vivo ese recuerdo en su vida hoy en día?

- Cuando las personas a su alrededor se preocupan por el futuro, ¿Qué habilidades utiliza para calmar esas preocupaciones?

- Describa una situación en la que haya utilizado lecciones del pasado para trazar un rumbo en el presente.

Aspectos destacados de cada uno de los seis Estilos de Percepción

Ahora que ha descubierto más sobre su Estilo de Percepción, tomemos unos momentos para ver los seis Estilos de Percepción y cómo se relacionan entre sí.

Los seis Estilos de Percepción proporcionan experiencias claramente diferentes del mundo.

Estas diferencias, demuestran una profunda diversidad psicológica y perceptiva que es la diversidad más esencial que existe. Ayuda a explicar las diferencias en la forma que las personas piensan y actúan.

Los seis Estilos de Percepción describen la gama completa de la realidad perceptiva.

Todo el mundo tiene un Estilo de Percepción que es innato e inmutable. Su Estilo de Percepción está integrado en su ser y crece con usted a medida que se envejece y desarrolla.

Las experiencias a lo largo de su vida influyen en su expresión del Estilo de Percepción, pero no lo cambian.

Estudios científicos confirman que los seis Estilos de Percepción se distribuyen uniformemente en la población general, y no hay diferencia con respecto al género, raza o cultura.

Los seis Estilos de Percepción tienen fortalezas y desafíos únicos. Veamos algunos aspectos destacados de cada estilo:

- **Actividad** – Las personas con el **Estilo de Percepción** llamado **Actividad** se lanzan a la vida de cuerpo entero. Se involucran plenamente con la confianza de que los detalles se resolverán por sí mismos.

  La dirección, ideas y actividades surgen como resultado de la acción constante y la participación con los demás y su entorno.

  Permanecen involucrados hasta que surge alguna nueva posibilidad o interés que capte su atención.

  Cultivan extensas redes de amigos y asociados.

  Comparten sus experiencias usando muchas historias, anécdotas y ejemplos.

- **Ajustes** – Las personas con el **Estilo de Percepción** llamado **Ajustes** ven el mundo como una realidad objetiva que se puede conocer si se toman el tiempo para recopilar información completa sobre sus complejidades y complicaciones.

  Se dedican a la adquisición y aplicación de conocimientos como base para su experiencia de vida.

  Disfrutan compartiendo sus conocimientos con otros y obteniendo nueva información de investigaciones o conversaciones.

  Ven una realidad objetiva, incluyendo complejidad y los efectos dominó.

  Son comunicadores cuidadosos y competentes que utilizan eficazmente los matices, el ingenio irónico y la precisión en el lenguaje.

  Tienen un fuerte sentido de la diplomacia y proyectan una certeza tranquilizante.

- **Fluido** – Las personas con el **Estilo de Percepción** llamado **Fluido** ven un mundo ricamente texturizado donde las piezas encajan y apoyan y dependen unas de otras.

Ven la compleja conectividad, aparentemente no relacionada, entre personas, entornos y situaciones.

Desarrollan y mantienen relaciones con gente poderosa a quien tratan con un toque personal para crear y mantener unidas comunidades de familia, amistades, compañeros de trabajo, organizaciones, etc.

Valoran la historia y la tradición y honran la continuidad entre el pasado, el presente y el futuro.

Se conectan fácilmente con otros resaltando los puntos en común y compartiendo ideas.

Confían en el flujo continuo de experiencias y creen que lo que es importante y necesario surgirá tarde o temprano.

- **Metas** – Las personas con el **Estilo de Percepción** de llamado **Metas** ven un mundo en el que las posibilidades se combinan con hechos para crear objetivos que alcanzar, problemas por resolver y ventajas a aprovechar.

Poseen un sentido de urgencia y claridad de propósito.

Se pasan la vida enfocados en el logro de resultados específicos y objetivos bien definidos.

Evalúan todas las actividades basándose en su posible contribución hacia el logro del resultado esperado.

Son comunicadores fuertes y seguros que hablan con claridad y fuerza de opinión.

Son decisivos y expertos en mantener estructura en situaciones caóticas.

- **Métodos** – Las personas con el **Estilo de Percepción** llamado **Métodos** perciben un mundo sensible, lógico y fáctico, y su enfoque es racional y práctico.

Se enfocan en cómo se deben hacer las cosas y disciernen la mejor forma de hacerlo.

Saben que incluso la tarea más compleja siempre se puede dividir en una secuencia de pasos simples.

Creen que los hechos, cuando se presentan adecuadamente, hablarán por sí mismos.

Toman a las personas tal cual parezcan. Dicen lo que quieren decir y quieren decir lo que dicen y esperan que otros hagan lo mismo.

Su capacidad para ver la estructura e imponer el orden les permite ayudar a otros a funcionar frente al caos y la incertidumbre.

- Visión – Las personas con el Estilo de Percepción llamado Visión perciben el mundo como un lugar de infinitas posibilidades, lleno de opciones y oportunidades.

Buscan oportunidades donde puedan tener un impacto, marcar la diferencia y dejar su huella.

Se enfrentan a las realidades de una situación con serias intenciones, una perspectiva optimista que se encontrará una solución y la confianza en que siempre existe otras alternativas por explorar.

Dependen de su intuición y toman decisiones rápidamente basándose en la información disponible.

Funcionan bien con información incompleta y parcial y no necesitan todos los detalles para establecer un curso y participar en la acción.

Son altamente persuasivos y fácilmente convencen e inspiran a otros a unirse a ellos.

Interacción entre Estilos de Percepción

¿Alguna vez ha escuchado a alguien decir: "Los opuestos se atraen" o "Los pájaros de una bandada de plumas se agrupan"?

Definitivamente hay algo de verdad en ambos dichos.

Pero también es cierto que los opuestos se repelen, y los pájaros de un mismo plumaje se aburren entre sí.

El Estilo de Percepción ayuda a explicar dinámicas interpersonales como la atracción y la aversión.

Lo que ve es real para usted, pero lo que otros ven es real para ellos. Todos usamos el filtro de la percepción para darnos sentido a nosotros mismos.

Existe una relación teórica bien definida entre los seis Estilos de Percepción.

Si pensamos en la realidad perceptiva como un gran círculo, entonces cada Estilo de Percepción tiene su propia "porción del pastel", como se muestra en la tabla a continuación.

Relación entre Estilos de Percepción

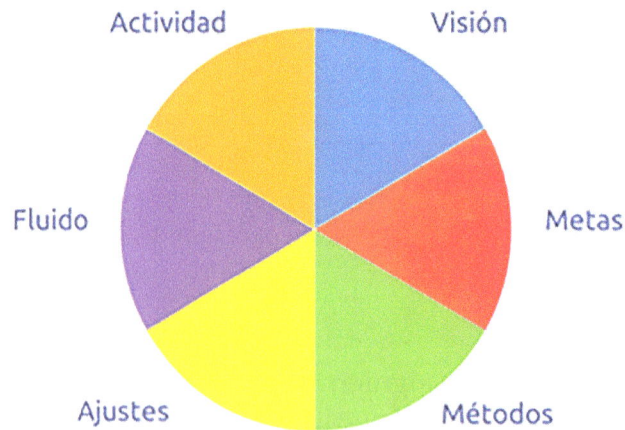

Actividad · Visión · Metas · Métodos · Ajustes · Fluido

Notas del gráfico circular:

- No hay parte superior o inferior en el gráfico, puede girarlo de la manera que desee, pero los estilos siempre permanecen en las mismas relaciones.

- Los colores no tienen ningún significado, aparte de hacer que el gráfico se vea bonito.

Cada Estilo de Percepción tiene un Opuesto directo, dos Vecinos (uno a cada lado) y dos Saltando Uno (ni un Vecino ni un Opuesto). Aunque los seis son psicológicamente únicos, cada Estilo de Percepción comparte algunas similitudes con los estilos vecinos.

Cada estilo también es atraído y repelido por su estilo opuesto, y cada uno encuentra los estilos en que hay que saltarse uno para tocarlo algo desconcertantes.

Entonces, ¿Qué le significa esto cuando interactúa con otras personas?

Como era de esperar, su **Estilo de Percepción** llamado **Fluido** es el núcleo de su experiencia con los demás.

A continuación, algunos aspectos destacados de lo que puede esperar cuando está interactuando con cada Estilo de Percepción:

- **Fluido** con **Actividad** (Vecinos) – Usted se sentirá atraído por su espontaneidad, sinceridad y su interés e involucramiento con las personas.

  Ellos se sentirán atraídos por su habilidad para construir y honrar la comunidad con otros, su fascinación por las personas y las relaciones, y su sensibilidad hacia los estados emocionales de los demás.

  Usted se frustrará por lo que percibe como su enfoque en los individuos en lugar de la comunidad, su facilidad para distraerse y el sarcasmo, y su falta de respeto por las tradiciones.

  Ellos se frustrarán por lo que perciben como su falta de voluntad para cambiar, su insistencia en un ritmo constante en lugar de apresurado, y su aferramiento al pasado y a las tradiciones.

- **Fluido** con **Ajustes** (Vecinos) – Usted se sentirá atraído por su conciencia de las complejidades y la profundidad, su conocimiento exhaustivo y su comportamiento tranquilo.

  Ellos se sentirán atraídos por su sutileza, su comprensión compleja de la comunidad y su naturaleza continuamente solidaria.

  Usted se frustrará por lo que percibe como su enfoque en sistemas en lugar de personas, su valoración de la información sobre las emociones y su actitud condescendiente al compartir información.

  Ellos se frustrarán por su orientación hacia las personas en lugar de los sistemas, sus emociones en lugar de la racionalidad y lo que perciben como su excesivo enfoque en el pasado.

- **Fluido** con **Metas** (Opuestos) – Usted se sentirá atraído por su disposición para asumir responsabilidades, su capacidad para llegar al corazón de un problema y su deseo de liderar por medio de ejemplo.

  Ellos se sentirán atraídos por su comportamiento cariñoso y protector, su compromiso con la tradición y su capacidad para crear comunidad.

Usted se frustrará por lo que percibe como su falta de cuidado y preocupación por las personas, su disfrute del enfrentamiento y su mentalidad de "sobrevive solo el más fuerte".

Ellos se frustrarán por lo que perciben como su excesiva preocupación por los sentimientos de las personas, su resistencia al cambio y su evasión de la competencia.

- **Fluido** con **Métodos** (Saltando Uno) – Usted se sentirá atraído por su capacidad para mantenerse distante en entornos hostiles o competitivos, la forma en que abordan la vida de manera ordenada y estructurada, y su habilidad para recopilar datos completos para simplificar la aparente complejidad.

  Ellos se sentirán atraídos por su capacidad para construir comunidad, su forma tranquila y sencilla de relacionarse con las personas, y su auténtica preocupación.

  Usted se frustrará por lo que percibe como su tendencia a un movimiento tedioso y medido, su aparente indiferencia hacia los aspectos emocionales de la vida y su desdén para considerar las corazonadas y la intuición como fuentes legítimas de datos.

  Ellos se frustrarán por lo que perciben como su falta de estructura, su excesivo énfasis en el valor de la conexión y su falta de enfoque en los hechos.

- **Fluido** con **Visión** (Saltando Uno) – Usted se sentirá atraído por su capacidad para manejar muchas responsabilidades simultáneamente, su audacia en el pensamiento y la acción, y su calma en situaciones de emergencia, crisis o sorpresa.

  Ellos se sentirán atraídos por su habilidad para convertir gente recién conocida en amistades duraderas, construir y honrar la comunidad, y responder de manera no crítica a los demás.

  Usted se frustrará por lo que percibe como su manipulación de otros en su propio beneficio, sus tratos superficiales con las personas y las emociones, y su desprecio por la tradición y el ritual.

Ellos se frustrarán por lo que perciben como su reluctancia a avanzar hacia el futuro, su negativa a emitir juicios o tomar decisiones, y su excesivo énfasis en el valor de la cooperación y la armonía.

- **Fluido** con **Fluido** (Espíritu Afín) – Experimentarán un vínculo casi instantáneo, ya que se relacionarán rápidamente sin necesidad de explicaciones.

  Se encontrarán asintiendo en acuerdo e incluso terminando las frases del otro. ¡Puede ser una experiencia emocionante!

  El vínculo que experimentan con alguien que comparte el mismo Estilo de Percepción puede ser tan fuerte que les llevará más tiempo reconocer las diferencias entre ustedes.

  Pero en algún momento, se sentirán frustrados y sorprendidos cuando las diferencias amenacen la conexión aparentemente sin esfuerzo. Las experiencias de vida individuales crean las diferencias que cada uno de ustedes expresa en su Estilo de Percepción.

Todos somos amalgamas de nuestras experiencias de vida, Estilo de Percepción y específicos rasgos de personalidad.

La clave para entender las diferencias que usted encuentre con alguien que comparta su Estilo de Percepción es comprender que estas son expresiones individuales basadas en la experiencia de vida de cada uno y no son una traición personal.

Cuanto más se entienda a sí mismo, más entenderá sobre cómo y por qué se difiere de los demás. Se sentirá cómodo disfrutando de lo que hace mejor, aceptando a los demás por sus diferencias y valorando lo que esas diferencias contribuyen a su mundo.

¡Comencemos la Celebración!

Bueno, es hora de ir más allá del factor "y qué". Mejor dicho, "Todo esto es muy interesante, pero ¿y qué?"

Ir más allá del factor "y qué" es un desafío que requiere que usted haga más que simplemente leer la descripción de su Estilo de Percepción.

Aun cuando se hubiera identificado un 100% con las habilidades y comportamientos naturales de su Estilo de Percepción, si simplemente lo guarda en el archivo titulado "Lo volveré a ver algún día", no obtendrá el beneficio de usar y aumentar sus habilidades naturales.

Su Estilo de Percepción es más que un simple ejercicio intelectual e incorporar sus habilidades naturales en su vida requiere un poco de trabajo de su parte.

¡Su Estilo de Percepción es real!

Su Estilo de Percepción no es solo un concepto psicológico entretenido, sino una parte fundamental de lo que es.

Ya sea que esté consciente de ello o no, su Estilo de Percepción impacta su vida a diario.

Hasta ahora, es posible que haya pasado por su vida cotidiana con poca o ninguna conciencia de su Estilo de Percepción. El desafío está en utilizar activamente el nuevo conocimiento que ha adquirido para empezar a hacer más de lo que mejor sabe hacer.

Usar la información de esta guía de acción para comprender su Estilo de Percepción es solo el primer paso.

El segundo paso es aceptar su Estilo de Percepción como parte de lo que es.

El tercer paso es aceptar su Estilo de Percepción haciendo un esfuerzo consciente para explorar las diferentes formas en que se puede expresar en su vida y descubrir los matices sutiles de las ventajas que tiene gracias a sus habilidades naturales.

Veamos cada paso con un poco más de detalle.

Primer Paso: Comprensión

El primer paso para aceptar quién es requiere entender su Estilo de Percepción y cómo se adapta a usted.

Es posible que todo lo descrito en esta guía de acción no le aplique en un 100%.

Debido a experiencias a lo largo de su vida, hay cosas que lo diferencian de otros.

Esta guía de acción ha sido diseñada para ayudarle no solo a aprender sobre su Estilo de Percepción, sino también para ayudarle a descubrir aquellos aspectos de la forma cómo los expresa que hacen de usted, una persona única.

Tómese el tiempo necesario para completar los ejercicios de reflexión, incluidos al final de cada sección de esta guía de acción. Le ayudarán a identificar su forma de expresar su Estilo de Percepción como parte de su comportamiento diario y así permitiéndole personalizar la información presentada.

Segundo Paso: Aceptación

Una cosa es entender su Estilo de Percepción, pero otra muy distinta es aceptar plenamente lo que esto implica.

Cuando aprende por primera vez sobre su Estilo de Percepción, es emocionante a medida que se identifica con las habilidades, fortalezas y comportamientos que son naturales para usted.

Hay un tremendo poder en la validación personal que proporciona la experiencia de aprender su Estilo de Percepción. Muchos lo han descrito como la primera vez que se sienten verdaderamente comprendidos.

Entender que algo que usted siempre pensó cualquier persona seria capaz de hacer es en realidad una habilidad solamente suya es algo verdaderamente gratificante.

Pero, así como su Estilo de Percepción apoya una amplia gama de habilidades y comportamientos, cada uno de los otros 5 Estilos de Percepción también apoya su propio conjunto único de habilidades y comportamientos.

Es un hecho de la vida que nadie tiene la capacidad de dominar todas las habilidades que pertenecen a otros Estilos de Percepción. Simplemente estamos siendo fácticos, ya que hay límites a lo que cualquiera de nosotros puede dominar fuera de nuestro propio repertorio natural. Así somos los seres humanos.

No hay porqué entrar en pánico. A nivel conceptual, su primera reacción será que la noción de no poder dominar todo se siente muy limitante e incómoda. Después de todo, ¿no nos han dicho a todos una y otra vez que "puede lograr cualquier cosa que se proponga"?

Claro está que hay mucha verdad en esa afirmación, pero también hay un gran precio. Cuando se proponga a dominar habilidades que no están en su repertorio natural, podrá llegar a ser muy competente en ellas. Sin embargo, debido a que no son naturales para usted, lo desgastarán más rápido y le impedirán aprovechar toda la gama de sus fortalezas naturales.

Si está enfocado en adquirir habilidades asociadas con otros Estilos de Percepción, algunas de sus habilidades naturales se desvanecerán en el fondo y permanecerán inactivas.

Descubrirá muchas cosas por ahí que no querrá dominar de todos modos y encontrará un alivio al descubrir que esas cosas son habilidades naturales para otra persona, y no tendrá que hacerlas usted.

Por lo tanto, aceptar plenamente su Estilo de Percepción significa reclamar su capacidad natural y reconocer que hay habilidades y comportamientos para los cuales no tiene potencial innato.

Tercer Paso: ¡Celebración!

La celebración se refiere al sentirse bien acerca de quién es y dónde encaja en el mundo. Es usar conscientemente sus habilidades naturales y perfeccionarlas hasta convertirlas en fortalezas.

Significa entender que no todo el mundo ve el mundo como usted, y eso está bien.

Es sentirse cómodo de que no puede hacerlo todo y aliviado de no tener que hacerlo.

Es aceptar cumplidos por lo que hace bien y reconocer la autosatisfacción al emplear sus habilidades naturales.

Es dejar de lado la necesidad de convencer a todos de que sean como usted y aceptarlos por lo que son. Porque si no fueran diferentes, usted no pudiera brillar tan intensamente gracias a sus fortalezas únicas.

Es explorar toda la gama y profundidad de su potencial natural.

¡Es hacer más de lo que mejor sabe hacer!

Tiene habilidades para las cuales posee un potencial innato que están esperando ser utilizadas.

¡Estas habilidades son fáciles para usted porque reflejan aspectos de quién fundamentalmente es! Claro, pueden requerir un poco de desarrollo, pero encontrará que los esfuerzos utilizados usando sus talentos naturales son productivos, significativos y gratificantes.

El Poder de su Percepción le permite elegir conscientemente hacer más de lo que mejor sabe hacer.

Use esta guía de acción para ayudarle a identificar lo que hace bien, realmente disfruta y sobre lo que otros a menudo le felicitan. ¡Entonces busque oportunidades para hacer esas cosas más a menudo!

El Poder de su Percepción le ayudará a explorar los aspectos únicos de sus talentos y dones permitiéndole llenar su vida con actividades y personas que le brinden alegría y satisfacción.

La vida es demasiado corta para no disfrutarla plenamente y lograr el éxito que se merece.

Sobre los Autores

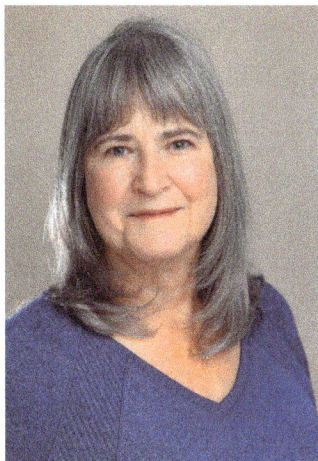

Lynda-Ross Vega Lynda-Ross Vega ha estado fascinada, desde que era niña, con entender que hace funcionar a la gente. Su curiosidad por la diversidad humana y las formas de lograr que las personas se desempeñen en la forma más productiva la llevó a una carrera multifacética en las áreas de banca, tecnología y consultoría conductual.

Entre los cargos que ha desempeñado están incluidos: Ejecutiva de alto nivel, Empresaria, Propietaria de negocios, Consultora, Asesora Ejecutiva, Coach, Hija, Hermana, Esposa, Madrastra y Abuela.

Lynda-Ross es una experta en aprovechar el poder de la percepción para ayudar a las personas y organizaciones a implementar cambios, potenciar la colaboración y desarrollar el talento.

Lynda-Ross es una ávida lectora, entusiasta cocinera y fanática de la música. Le gusta caminar con su setter irlandés Kinsey, hacer ejercicio en su estudio local de barre, pasear con amistades y familia y disfrutar de vacaciones en los parques y en la playa.

Ella y su esposo, Ricardo, se retiraron de sus trabajos corporativos en 1994, formaron su propia empresa y todavía siguen viento en popa. En su tiempo libre, disfrutan pasando el tiempo con familiares y amistades, viendo fútbol de la Premier League (en realidad, casi cualquier nivel de fútbol), viajando, escuchando música, leyendo sobre la historia y presenciando obras de teatro en vivo.

Puede conectarse con Lynda-Ross en:
Website: https://thepowerofyourperception.com/portada
Linked In: linkedin.com/in/lyndarossvega
Instagram: https://www.instagram.com/lyndarossvega/
Facebook: https://www.facebook.com/descubraelpoderdesupercepción

Gary Jordan, PhD, posee más de 40 años de experiencia en psicología clínica, evaluaciones de comportamiento, desarrollo individual y coaching. Obtuvo su doctorado en psicología clínica del Colegio de Psicología Profesional parte de la Universidad de California-Berkeley en 1980.

Aunque siempre estuvo fascinado por las teorías de "tipos" y "estilos", Gary no encontró que ninguna de estas teorías integrara la experiencia interna con el comportamiento observable. Empezó a desarrollar una teoría práctica, útil y fiable una vez que presentó su tesis doctoral y continuando a lo largo de sus años de practica privada.

Gary es un experto en ayudar a las personas a entenderse a sí mismas y usar esos conocimientos para alinear sus acciones con su potencial natural.

Entre sus muchos pasatiempos e intereses, Gary es un instructor en Shaolin Kenpo que posee un cinturón negro en esa disciplina. Gary y su esposa Marcia, se conocieron cuando ella se inscribió en una de sus clases. Ellos disfrutan coordinando en trabajos paisajistas en su jardín, diseño de interiores y proyectos con muebles.

Puede conectarse con Gary en:

Website: https://thepowerofyourperception.com/portada

Linked In: https://www.linkedin.com/in/gary-jordan-ph-d-4475b011/

Facebook: https://www.facebook.com/descubraelpoderdesupercepción

Notas

Notas

Notas

Notas

www.ingramcontent.com/pod-product-compliance
Lightning Source LLC
Chambersburg PA
CBHW062114090426

42741CB00016B/3419